TEMPOR(AIS)
TIME(STORMS)

ANGELO RICCELL PIOVISCHINI
RITA QUEIROZ

UNDERLINE PUBLISHING

ISBN-13: 978-1-949868-70-8

Text Copyright © 2022 Rita Queiroz
and Angelo Riccell Piovischini

Revisão/ Revision:
Angelo Riccell Piovischini
Rita Queiroz

Illustrations by / Ilustrações por:
Antônio Wilson

1st Edition, 2022

Translation by / Tradução por:
Angelo Riccell Piovischini

Published by Underline Publishing LLC
www.underlinepublishing.com

All rights reserved.

No part of this publication may be reproduced, distributed or transmitted in any form or by any means, or stored in a database or retrieval system, without the prior written permission of the publisher. The only exception is by a reviewer, who may quote short excerpts in a review.

ORAÇÃO AO TEMPO
[...]
Compositor de destinos
Tambor de todos os ritmos
Tempo, tempo, tempo, tempo
Entro num acordo contigo
Tempo, tempo, tempo, tempo
[...]

PRAYER TO TIME
[...]
Composer of fates
Drum of all rhythms
Time, time, time, time
I make a deal with you
time, time, time, time
[...]
(Caetano Veloso)

TEMPO REI
[...]
Tempo rei, ó, tempo rei, ó, tempo rei
Transformai as velhas formas do viver
[...]

TIME KING
[...]
Time king, oh time king, oh time king
Change the old ways of living!
[...]
(Gilberto Gil)

ÍNDICE / INDEX

APRESENTAÇÃO	7
PRESENTATION	9
PREFÁCIO	13
FOREWORD	17
ANGELO RICCELL PIOVISCHINI	21
gravidade / gravity	22
cronologias / chronologies	23
passagem / passage	26
móbile/ mobile	28
(in)finitude / end(less)ness	30
quando / when	32
o alfa / the alpha	34
o tempo e seus ais/ time and its woes	36
no quatro estações / at the bar	38
claro espectro / clear spectrum	40
tudo é finito / everything is finite	44
eu sou / I am	46
tempŭs, temporis/ tempŭs, temporis	48
travessia noturna/ night traversal	52
ad tempŭs/ ad tempŭs	54
tempor(ais) / time(storms)	56
RITA QUEIROZ	59
Cicatrizes ocultas/ Hidden scars	60
Tempo de caravelas / Caravels time	62
Sol do amanhã / Tomorrow's sun	64
Sombras do tempo / Shadows of time	66
Depois do infinito / After endlessness	68
Tempo de maçãs / Time of apples	70
Sincronias / Synchronies	72

Absolvição do tempo / Absolution of time	74
(In)finitas primaveras / (In)finite springs	76
Testemunhos / Testimonies	78
Semeadura / Sowing	80
Simulacro etéreo / Ethereal simulacrum	82
Tempo de sonhos / Time of dreams	84
(Des)memórias / (Un)memories	86
Alma exposta / Open soul	88
Tempor(ais) / Time(storms)	90
TEMPO(ESIAS)	95
TIME POETRIES	97
SOBRE OS AUTORES E O ILUSTRADOR	99
ANGELO RICCELL PIOVISCHINI	100
RITA QUEIROZ	102
ANTÔNIO WILSON	104

APRESENTAÇÃO

O Tempo é o senhor de todos os destinos. Cantado em versos e em prosa, vem desde sempre inspirando as almas poetas.

Ainda hoje nos questionamos sobre o que é o tempo. Seria aquilo que percebemos ou aquilo marcado cronologicamente? Seria o badalar do pêndulo ou as horas que se repetem à exaustão?

Na mitologia grega, Cronos e Kairós representavam o tempo perceptível, sentido (o qualitativo), e o tempo determinado pelas horas e dias (quantitativo).

Cronos, como Deus do tempo, é o responsável por tudo devorar, em alusão ao que fez com seu pai, Urano, quando o castrou, e este o amaldiçoou com a profecia de que tivesse o mesmo destino. Desta forma, Cronos passou a engolir seus filhos.

Kairós, também Deus do tempo, é filho de Zeus e este, por sua vez, é filho de Cronos. Kairós é o Deus do tempo oportuno, representado por uma figura nua, com asas nos pés e nos ombros.

Seja o tempo marcado ou o tempo oportuno, ele nos instiga, nos faz refletir sobre muitas questões, sendo poetizado de diversas formas.

Nesta obra, Angelo Riccell Piovischini e Rita Queiroz se uniram para poetizar o tempo, tão líquido e tão sólido quanto nossas ações.

Cada um apresenta as suas concepções de tempo em 16 poemas, os quais vêm acompanhados por sua tradução para o inglês, além de ilustrações feitas pelo querido Antônio Wilson Silva de Souza.

PRESENTATION

Time is the lord of all destinies. Chanted in verse and prose, it has always inspired poets' souls.

Even today, we wonder what time is. Would it be what we perceive or what is marked chronologically?

Would it be the chime of the pendulum or the hours that repeat themselves to exhaustion? In Greek mythology, Cronos and Kairos represented the felt and perceivable time, (the qualitative one), and the time determined by hours and days (the quantitative one).

Cronos, as god of time, is responsible for devouring everything, in allusion to what he did to his father, Uranus, when he castrated him, and this one cursed him with the prophecy that he would have the same fate. In this way, Cronos began to swallow his children.

Kairos, also god of time, is the son of Zeus and Zeus, in turn, is the son of Cronos. Kairos is the god of opportune time, represented by a naked figure, with wings on his feet and shoulders.

Be it the appointed time or the opportune time, it instigates us, it makes us reflect on many issues, being it poeticized in different ways.

In this work, Angelo Riccell Piovischini and Rita Queiroz came together to poeticize time, as liquid and as solid as our actions.

The poets, each one with sixteen poems, present their conceptions of time, which are accompanied by their translation into English, as well as illustrations made by dear Professor and plastic artist Antônio Wilson Silva de Souza.

Rita Queiroz

A eternidade do cosmos em sua *irragiungibilità* talvez seja o mais inflecto ponto de interrogação da humanidade. E a eternidade, como a vemos e a concebemos, sinonimiza-se com a infinitude do tempo porque é através dele, sobre os seus trilhos inacabáveis, que a eternidade transcorre e nos discorre como as presas de um leão profundamente cravadas na carne pervicaz de um búfalo agonizando.

O tempo se derrama por todas as camadas do ato de existir consciente e inconscientemente. Nós, nesse transcorrer, somos seres por natureza abissais. Somos faltantes e desejantes e o tempo é o corpo imaterial que dá vida a esse nosso trânsito de existência tão complexo e denso, tão profundo e potente, tão em estado de indecifrável amálgama.

Em nossa consciência coletiva podemos experimentar essa percepção do que chamamos tempo, mas, alcançamos senão um vislumbre daquilo que, com a nossa linguagem, conseguimos conceber e compreender como tempo. Poderia o tempo existir sem nós?

Esse passar relativo, que se desliza indiferente sobre a derme do espaço, a tudo consome e a tudo define. Tudo está no tempo. O tempo é o dono de tudo no todo. O tempo é múltiplo. O tempo é divindade voraz e seu alfanje angélico é preciso, inflexível, afiado; agudíssimo. Do tempo não se escapa, do tempo não se esconde, o tempo não tem onde; do tempo, apenas ser, por ele atravessar e ser por ele atravessado.

O tempo não para, jamais perdoa. O tempo veleja pelas cataratas da eternidade como matéria imanente do etéreo. O tempo é a voz e o silêncio; o portal e o caminho; o 'sendo' e o depois da morte; seja o nada ou o vazio. O tempo é essa flexão eterna do existir para muito além da consciência de existir; é a conjugação da linguagem universal numa miríade de possíveis e impossíveis.

O tempo é o que existe no traço, no laço, no rasgo profundo, na curvatura obtusa da vida, no absurdo, no grotesco, na beleza, na desgraça, na alegria, na farsa, no desenho deífico das ideias, nos ousados e inumeráveis desígnios de nossa consciência. O tempo é o vôo perene de tudo aquilo que enseja ser.

O tempo é Ìrókò em sua majestosa personificação de regência da ancestralidade humana. Salve, Tempo. Ìrókò Issó! Eró! Ìrókò Kissilé. Enfim, tempŭs, temporis. Tempo Odo Òjísé. Tempo Rei. O tempo é.

The eternity of the cosmos in its *irragiungibilità* is perhaps humankind's most inflected question mark. And eternity, as we see it and conceive it, is synonymous with the infinity of time because it is through it, on its unending tracks, that eternity passes by and unfolds us like a lion's fangs deeply embedded in the pervasive flesh of a buffalo at death's door.

Time spills itself through all layers of the act of existing consciously and unconsciously. We, in this course, are by nature abyssal beings. We are lacking and desiring entities, and time is the immaterial body that gives life to this transit of existence of ours, so complex and dense, so deep and powerful, so in a state of indecipherable amalgamation.

In our collective consciousness we can experience this perception of what we define as time, but we only get a glimpse of what, with our language, we manage to conceive and understand as time. Could time exist without us?

This relative going by, which slides indifferently over the dermis of space, consumes and defines everything. Everything is into time. Time is the owner of everything in the whole. Time is multiple. Time is a voracious deity and its angelic scythe is precise, unyielding, sharp; the acutest one. From time, one cannot escape; from time, one cannot hide; time is everywhere; of time, just being in it, crossing through it, and by it being crossed.

Time never stops, it never forgives. Time sails through the cataracts of eternity as the immanent matter from the ethereal. Time is voice and silence; gate and path; the 'being' and the after death; be it either nothingness or emptiness. Time is this eternal flexion of existing far beyond the awareness of existing; it is the conjugation of universal language into a myriad of possibles and impossibles.

Time is what exists in the traits, in the bonds, in the deep tear, in the obtuse curvature of life, in absurd, in grotesque, in beauty, in disgrace, in joy, in farce, in the deific design of ideas, in the bold and innumerable designs of our conscience. Time is the perennial flight of whatever it takes to be.

Time is Ìrókò in its majestic personification of the rulership of human ancestry. Hail, Time: Ìrókò Issó! Eró! Ìrókò Kissilé. Anyway, tempŭs, temporis. Time Odo Òjísé. Time king. Time is.

A. R. Piovischini

PREFÁCIO

A poesia de Angelo Riccell Piovischini e de Rita Queiroz em Tempor(ais) é marcada por deslocamentos, cuja complexidade pede esquadrinhamento. Nesse sentido, faz-se necessário refletir sobre o tempo, a partir de determinadas fissuras provocadas por catástrofes mundiais como a pandemia da Covid19, que enfrentamos hoje. Isso não é uma tarefa trivial e desempenhá-la, a partir da palavra poética, é uma lição oferecida ao leitor pela potência dos textos aqui presentes. Uma dádiva em poesia.

Para tanto, ambos descortinam, na obra, essa consciência da finitude e da transitoriedade da vida que permeia as duas poéticas, em um entretecer e se complementar no caminho da poesia. Enquanto Piovischini busca a palavra "sem a ossatura da parábola no eco subtonado do espírito humano" e sofre com a clareza de que "um dia" será "apenas ausência", Rita Queiroz reescreve-se "nas areias do deserto", com a certeza de que "tudo é abismo".

Em um tempo de "ferocidades excepcionais", os poetas se articulam em torno da linguagem para representar esse sentimento da coletividade, por meio dos seus versos profundos, sensíveis, longânimes. O distanciamento imposto pela presença da linguagem materializa-se na dialética da poesia que se volta sobre si mesma em exercícios intensos de metalinguagem, no contexto expressivo da prática viva da própria linguagem. Assim, tanto o verbo quanto o mito repousam serenos em um lapso na anatomia do crepúsculo.

O trânsito dos dois poetas pela linguagem intangível da poesia parece ancorar-se na relevância do papel da palavra na preservação da humanidade em tempos de crise. Seja pela ruptura com os padrões aparentes de normalidade da vida social, seja pela ruptura com a própria linguagem que, como convenção de um tempo já quase esquecido na memória, precisa ser reinventada, deve ser renovada a fim de parear-se com a inesperada condição humana, diante dessa nova realidade pandêmica. Assim, temática e linguagem pedem realinhamento, em um desafio colocado aos poetas como o enigma da esfinge: decifra-me ou devoro-te.

Diante de tal provocação, os versos libertam-se das amarradas formas fixas. E as palavras, infensas à ordem trivial da sintaxe, transformam-se, ora em cicatrizes abertas sobre a pele do crepúsculo das horas; ora em sóis mornos de longas horas germinados em infinitos e perpetuados ao longo do caminho. Seja na poética concisa e imagética de Piovischini, seja na escrita feminina e delicada de Rita Queiroz, salta a inequívoca consciência de que tudo é finito. E a poesia se consuma e se eleva como resistência à prevalência dessa epiderme dilacerada e esculpida na retina da humanidade.

Ambos promovem reflexões sobre si a partir da complexidade e da profunda abstração dos seus versos: se, no desenrolar da leitura, flagramos Angelo Piovischini vagando "pela noite como cão sem dono" ou "como poeta ao relento". Percebemos sentimento similar nos versos da poeta Rita Queiroz, quando assevera em poesia: "Os versos escorrem pelos dedos... E as certezas invisíveis se multiplicam!".

Essa tendência à interiorização e à abstração manifestada nos versos de ambos pode estar relacionada a um sentimento coletivo de exílio, por força das exigências do distanciamento social em razão da pandemia. Nesse aspecto, tanto Stendhal quanto Bachelar, cada um à sua maneira, são unânimes em ressaltar a forte influência da temporalidade sobre a psiquê humana. Se para o primeiro, "o romance é um espelho que viaja ao longo de uma estrada", o segundo reitera que "a cronologia do coração é indestrutível".

Na esteira de tais considerações, o bilinguismo presente na constituição material da obra instaura uma expansão no potencial e no alcance das duas poéticas sobre o tempo. Então, ocorre outra ruptura: no nível da ordem das fronteiras geográficas e linguísticas. A perene força da poesia sobre e a despeito do tempo reposiciona o leitor nesse mesmo espaço-tempo e a palavra poética se ergue na suplência da linguagem. E o poema se constrói, destarte, na convergência de tempos múltiplos onde a sensível consciência dos autores e dos leitores concorre para o encontro das subjetividades na comunhão idílica do ato de fazer e de receber poesia em tempos extremos.

Por Heliene Rosa
Professora. Pesquisadora. Escritora. Poeta.

FOREWORD

The poetry of Angelo Riccell Piovishini and Rita Queiroz in Time(storms) is marked by displacements whose complexity requires scrutiny. This way, it is necessary to reflect on time, based on certain fissures caused by global catastrophes such as the Covid19 pandemic, which we are facing today. This is not a trivial task and performing it, based on the poetic word, is a lesson offered to the reader by the power of the texts presented here. A boon in poetry.

In this context, both poets reveal, in this work, the awareness of finitude and transitoriness of life that permeates the two poetic works, interweaving and complementing each other in the path of poetry. While Piovischini seek "the word without the conveyance of the parable in the unhearable echo of the human spirit" and suffers from the clarity that "one day" he will be "just absence", Rita Queiroz rewrites herself "in the sands of desert", with the certainty that "everything is an abyss".

In a time of "exceptional ferocity", the poets articulate themselves around language to represent this feeling of collectivity through their deep, sensitive, yielding verses. The detachment imposed by the presence of language materializes in the dialectic of poetry that turns on itself in intense metalanguage exercises, in the expressive context of the living practice of language itself. Consequently, both verb and myth rest serenely in a lapse in the anatomy of twilight.

The transit of the two poets through the intangible language of poetry seems to be anchored in the relevance of the role of the word in preserving humanity in times of crisis. Whether through the break with the apparent patterns of normality in social life, or through the break with the language itself, which as a convention of a time already almost forgotten in memory, needs to be reinvented, must be renewed in order to match the unexpected condition in the face of this new pandemic reality. Hence, thematic and language require realignment, in a challenge posed to the poets as the enigma of the sphinx: decipher me or I will devour you.

In face of such provocation, the poets' verses set themselves free from traditional fixed forms. And the words, inimical to the trivial order of syntax, become, at times, open scars on the skin of the twilight of the hours; and at times in lukewarm suns of long hours germinated into infinities and perpetuated along the way. Whether in Riccell's concise poetics and imagery, or in Rita Queiroz's delicate and feminine writing, the unmistakable awareness that everything is finite leaps out. And poetry consummates and rises itself as a resistance to the prevalence of this epidermis torn and carved in the retina of humankind.

Both poets promote reflections on themselves based on the complexity and deep abstraction of their verses: if, in the course of reading, we catch Angelo Piovischini wandering "at night like an ownerless dog" or "like a poet in the open". We perceive a similar feeling in the verses of the poet Rita Queiroz, when she asserts in poetry: "The verses run through the fingers... And the invisible certainties multiply themselves!".

This tendency towards interiorization and abstraction manifested in the verses of both poets may be related to a collective feeling of exile, due to the demands of social distancing due to the pandemic. In this respect, both Stendhal and Bachelar, each one their own way, are in emphasizing the strong influence of temporality on the human psyche. If to Stendhal, "the novel is a mirror that travels along the road", Bachelar reiterates that "the chronology of the heart is indestructible".

In the wake of such considerations, the present bilingualism in the material that constitutes this work introduces an expansion in the potential and reach of the two poetic works about time. Then there is another rupture: at the level of order of geographical and linguistic boundaries. The perennial force of poetry over and despite time repositions the reader in the same space-time and the poetic word rises in the substitution of language. And the poem is built, thus, in the convergence of multiple times, the sensitiveness of the authors and the readers contributes to the encounter of subjectivities in the idyllic communion of the act of writing and receiving poetry in extreme times.

By Heliene Rosa
Teacher. Researcher. Writer. Poet.

ANGELO RICCELL PIOVISCHINI

gravidade

o tempo-espaço,
em curvaturas abissais,
navega a infinidade
do cosmos,
rasga-lhe a luz,
atravessa-lhe as entranhas,
devora-o sem pudores
transformando
sombras e luz
em vida.

gravity

the space-time
- in abyssal curves -
navigates the infinity
of the cosmos
rending its light,
crossing its womb,
devouring it shamelessly
turning shadows and light
into life.

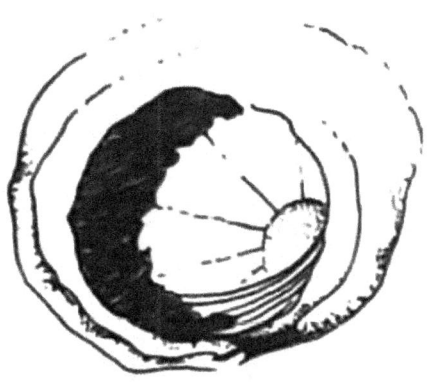

cronologias

o tempo e a vida jamais se repetem;
caminham sobre o tecido
da singularidade dos impossíveis
onde o previsto é a certeza do inalcançável.
o tempo é o que jamais tem começo ou fim;
é a dilaceração do tecido da eternidade;
é o que não cabe na ampulheta,
já caduca e disforme,
é o que escapa à sombra sobre as areias;
não se curva às badaladas das catedrais,
não se limita às baladas das estrelas
luzindo, explodindo, apagando.
o tempo não está sepultado
nas pirâmides que ainda despontam altas.
o tempo não se aprisiona
nas ruínas que contam a história das eras
ou traduzem a língua mítica de chronos.
e não há, mesmo, sentido para vida
que não seja no tempo-espaço
porque o que há e existe, aí está
tangível e intangível.
e o tempo, esse deus infinito, é só o tempo
voando leve sobre asas de borboletas.

chronologies

time and life never repeat themselves;
they walk on the skin
of the singularity of the impossibles
where the predicted
is the certainty of the unreachable.
time is what never has a beginning or an end;
it is the laceration of the tissue of eternity;
it is what does not fit in the hourglass,
already void and shapeless,
it is what escapes to the shadow on the sands;
what does not bow to the chimes of the cathedrals,
does not limit itself to ballads
of glowing, exploding, fading stars
time is not buried
in the pyramids that still stand tall.
time is not imprisoned
in the ruins that tell the story of the ages
or translate the mythical language of chronos.
and there really is no meaning to life
if not in time-space
for what is here and exists, there it is
tangible and intangible.
and time, this infinite god, is just time
flying softly on wings of butterflies.

passagem

o tempo não apaga rasuras,
abre fendas sobre a alma.
o tempo não desmancha amores,
eterniza-os nas paredes da memória.
o tempo não destrói caminhos,
constrói desvios na imensidão.
o tempo, o tempo...
um deus, um demônio,
uma cicatriz aberta sobre a pele
do crepúsculo das horas.
o tempo, o tempo...
uma marca, um sinal,
um vórtice, um vértice
um deus insone
disposto sobre a tessitura
ventanosa da vida.

passage

time effaces no erasures,
it opens crevices on our souls.
time undoes no loves,
it eternizes them on the walls of memory.
time destroys no roads,
it constructs detours in immensity.
time, time...
a god, a demon,
an open scar
on the skin of the twilight of hours.
time, time...
a mark, a sign,
a vortex, a vertex;
a sleepless god
set on the windy texture
of life.

móbile

sou um meteoro atravessando o tempo:
louco e irrefreável.
em direção a finitude sonho com a eternidade;
com o sem fim das coisas cândidas,
cálidas e belas.
sou a tempestade amansando feras
sob uma cortina espessa de vento e chuva;
sou a nuvem que se precipita em gotas pesadas,
sou o desejo e a falta, a presença e a ausência,
a saudade e a dor da saudade.

mobile

I am a meteor traversing time:
passionate and unstoppable.
towards finitude I dream of eternity;
of the endlessness of candid,
intense and beautiful things.
I am a tempest taming beasts
underneath a thick layer of wind and rain;
I am a heavy rainfalling cloud,
I am desire and absence,
nostalgia and the pain of nostalgia.

(in)finitude

no fim tudo terá sido apenas o verbo
sem o vestígio de que fora verbo.
tudo terá sido apenas a memória
perdida da memória,
a palavra sem a ossatura da parábola
no eco subtonado do espírito humano.
no fim tudo terá sido sepultado
sob espessas camadas de tempo,
tudo terá sido silenciado
por signos infrassônicos.
no fim tudo terá sido apenas esquecimento;
tudo terá sido apenas o vestígio
sem o vestígio de que fora vestígio
como o olhar agudíssimo
de uma estátua fúnebre;
um anjo de mármore reduzido a estilhaços
penando anônimo a lágrima anunciada
que jamais terá vertido pelas eras e eras.
sim. tudo terá rumado para o fim
na moradia imensamente ínfima.
e no céu do planeta em ciranda pelo infinito
estrelas cadentes rasgarão brutalmente
a atmosfera da grave esfera
sem testemunhas, amantes, trovadores.
sim. estrelas cadentes:
mentiras necessárias
nas retinas possíveis
de nossas verdades.

end(less)ness

in the end everything will have been only verb
without the vestige that had been verb.
everything will have been only memory
all lost from itself,
word without conveyance of parable
in the unhearable echo of the human spirit.
in the end everything will have been buried
beneath thick layers of time;
everything will have been silenced
by infrasonic signs.
in the end everything will have been only oblivion;
everything will have been only the vestige
without the vestige that had been vestige
as the acutest look of a funeral statue,
a marble angel reduced to shards
grieving anonymously announced tears
that it will have never poured in eras and eras.
yes. everything will have headed to an end
in the immensely minute dwelling.
and in the planet's sky revolving through the infinite
falling stars will violently shred
the atmosphere of the grave sphere
with no witnesses, lovers or troubadours.
yes. falling stars:
needed lies
in the possible retinae
of our truths.

quando

tempo! tempo! tempo!
de tuas verdades mais duras
a que mais me afeta
é a de saber que um dia,
não mais que um dia,
serei apenas uma ausência;
nada mais que um vulto de nome.
nada mais registrarei
na retina de meus olhos
cansados e torpes.
nem um cheiro bom ou ruim
subordinará meu olfato,
nem um gosto doce ou amargo
penetrará meu palato.
não sentirei o peso
de outro corpo sujeitando o meu
em prazeres cálidos.
não mais chorarei às madrugadas,
não rememorarei minhas paixões,
nem lerei meus patéticos poemas de amor.
serei tão somente ausência;
ausência, oblívio e silêncio.
ah, tempo! tempo! tempo!
tudo se encaixa em tua verdade
inevitável, fixa, inescapável.
por isso, suborno a madrugada
com as cinzas de minhas palavras
e vou me cingindo enquanto ainda 'sou'
e vou me ferindo enquanto escolho lutar
e abro fissuras no massapé de minha alma.
ai tempo, tempo, tempo!
se eu fosse quando!

when

time! time! time!
from your toughest truths
the one that most affects me
is knowing that one day,
not more than one ordinary day,
I will become only absence;
nothing more than a shadow of a name.
nothing more I will realize
in the retinae of my tired and ribald eyes.
not even a good or bad smell
will provoke my sense,
not even a bitter or sweet taste
will penetrate my palate.
I will not feel the weigh
of another inflamed
desirous body on mine.
I will not cry till the dawns,
remember my passions,
read my pathetic poems of love.
I will be just and only absence;
absence, oblivion and silence.
ah, time! time! time!
everything fits into your
unavoidable, fadeless, inescapable truth.
hence I placate the dawn
with the ashes of my words
and I stitch myself whilst I still 'am'
and I hurt myself whilst I choose to fight
and I open fissures on the soil of my soul.
alas, time, time, time
if only I were 'when'.

o alfa

vai fazedor de nuvens!
busca de novo e de novo,
no umbral das certezas,
um fragmento de verdade
que te engendre no ente o tempo,
o verbo,
o mito;
um lapso na anatomia do crepúsculo...

[deus enfim
requiescit in pace]

the alpha

go cloud maker!
seek again and again,
in the shadows of certainties,
a fragment of truth
that engenders you with time,
verb,
myth;
a lapse in the anatomy of twilight...

[god at last
requiescit in pace]

o tempo e seus ais

nuvens pesadas despencam
sobre o dorso do brasil,
este senhor verde anil,
chafurdado na ignorância.
ruem sobre o seu lábaro
nuvens de chumbo,
firmamento de adamâncio,
nuvens de pedras,
chuvas de vidro,
torrentes de sangue.
dança a morte
à soleira do tempo
sobre centenas de milhares
de corpos pandêmicos plantados
na urgência do medo;
na falência da verdade,
no infame desprezo.
escorre a morte
por entre mãos genocidas
e a noite eterna,
como testemunha
macabra da impunidade,
devora, impiedosa,
o grito surdo dos miseráveis.

time and its woes

heavy clouds collapse
over the back of brazil,
this indigo green gentleman,
wallowed in ignorance.
clouds of lead,
firmament of adamantium,
clouds of stone,
rain of glass,
torrents of blood
fall on its flag.
death dances
at the threshold of time
on hundreds of thousands
of pandemic bodies planted
in the urgency of fear,
in the failure of truth,
in the infamous contempt.
death flows
through genocidal hands
and the eternal night,
as a macabre witness
of impunity,
it devours, merciless,
the muffled cry of the wretched.

no quatro estações

(a Geisa Fróes e Jocenilson Ribeiro)

estamos esparsos sobre a noite
dilatados sobre sua penumbra espessa
bebemos a noite entre teatralidades e cervejas
inebriamos a noite loucamente ao tempo
dançando sobre a sombra de suas curvas
inamanhecíveis.

at the bar

(to Geisa Fróes & Jocenilson Ribeiro)

we are spread out over night
dilated on its thick dimness
we drink night amidst theatricalities and beers
we inebriate night crazily to time
dancing over the shadow of its
indomitable curves.

claro espectro

não adivinharei a perfeição dos dias
nem a precisão das coisas
cabendo dentro de si mesmas.
não decalcarei
a solitude de uma folha seca
levada ao vento,
flutuando ao relento
sobre o colo da madrugada.
não construirei mediatrizes
entre o pôr do sol
e a minha alma cansada.
não, não serei o poeta
vociferando futuros
ou o homem fora de apuros.
serei, da relva, o cio do tempo
masturbando a minha tristeza,
serei a nuvem
carregando o peso das águas,
serei a gota de chuva
abismando-se ao chão
excitadamente precipitada,
serei a pedra irregular
fustigando, do rio,
o leito de correntes águas.
da palavra, serei
o que ela quiser ser.
não me interessa
a precisão das coisas.
não me interessa
a perfeição de ser.

não me interessa o saber
quanto me interessa o sabor
de tanto ser
até aqui quem sou.

[tudo em si é preciso e exato
e a verdade é apenas um segredo confuso].

clear spectrum

I will neither divine
the perfection of the days
nor the precision of things
fitting into themselves.
I will not trace the loneliness
of a dry leaf gone with the wind,
floating in the open
on the lap of the wee hours.
I will not build perpendiculars
between the sunset
and my tired soul.
no, I will neither be the poet
shouting futures
nor the unscathed man.
I will be, from the herbage,
the heat of time
masturbating my sorrow,
I will be the cloud
carrying the weigh of waters,
I will be the excitedly hasty
drops of rain
penetrating deeply
the womb of earth,
I will be the uneven stone
fustigating, from the river,
the bottom of its running waters.
from the word, I will be
what it yearns to be.
I am not interested
in the precision of things.

I am not interested
in the perfection of being.
I am not interested in the knowing
as I am interested in the savor
of much being
who I am so.

[everything is precise and exact
and truth is only a confused secret].

tudo é finito

tudo é finito sob o sol
tudo é infinitamente finito
todas as juras de amor;
todo o descompasso de corações;
todos os beijos molhados de paixão;
toda alegria, toda dor.
tudo é finito.
cada palavra, cada sentido, cada emoção.
tudo é finito.
tão finito quanto a folha que cai e aduba o chão.
tão finito quanto um poema, um teorema,
um morfema milenar; uma canção.
tudo é mesmo finito.
um som, uma cor.
é finito o desejo; o amor.
a vontade de estar aqui; toda flor
são finitas juras de para sempre.
o mar é finito, os céus, as estrelas, o desejo.
tudo é finito ante à lua
se banhando nua numa poça d'água,
num arroio ou em qualquer ribeirão.
tudo é finito.
nossos corpos são finitos,
nossas certezas, verdades;
nossas almas de adamâncio.
tudo é finito.
tudo, tudo há de findar,
tudo enterrado será
sob as areias densas do tempo.

everything is finite

everything is finite beneath the sun.
everything is infinitely finite.
all promises of love;
every overbeat of heart
all kisses drenched in passion;
every joy, every pain.
everything is finite.
every word, every sense, every emotion.
everything is finite.
so finite as a falling leaf that nourishes the ground.
so finite as a poem, a theorem,
a millenary morpheme, a song.
everything is really finite.
a sound, a color.
it is finite desire; love.
the will to be here; every flower.
promisses of endless love are finite.
the sea is finite, the skies, the stars, the cravings.
everything is finite in face of the moon
nakedly bathing itself in a puddle,
in a brook or in any stream.
everything is finite.
our bodies are finite,
our certainties, truths;
our souls of adamantium.
everything is finite.
everything, everything will end up,
everything will be buried
underneath the dense sands of time.

eu sou

na imensidão do universo
em que tudo é,
eu sou cada pedacinho de tempo
formando o quebra-cabeças de meu ser.
eu sou cada instante
em que me percebo,
cada nova hora de minha vida,
cada minuto do meu dia,
cada novo tantinho de inteireza
criando sentidos para a centelha
única e irrepetível em mim.
eu sou.

I am

amid the immensity of the universe
in which everything is,
I am each little chunk of time
making up the puzzle of my being.
I am each moment
in which I see myself,
each new hour of my life,
each minute of my day,
each new bit of wholeness
making up senses
to the unique
and irrepeatable spark inside me.
I am.

tempŭs, temporis

há um ranço de tempo
sob a palavra não dita,
ante os olhos por abrir,
sob pés descalços,
sobre a relva ao amanhecer,
no sereno da tardinha que cai
silente e tenebrosa.

há um banzo de tempo
no passadiço da alma,
no estreito do verbo,
nas lacunas das horas,
no modo de advérbios,
na alvorada que desassossega
os túmidos tons da noite madrugada.

há um rasgo de tempo
estrondando no 'um' que é tudo,
no amor não consumado,
no amor já terminado,
na estrada que se segue,
sobre o lombo largo dos sonhos,
na nuvem que passa ventanosa.

[tempŭs est]

tempŭs, temporis

there is a rancid of time
under the unsaid word,
before the unopened eyes,
beneath bare feet
stepping on dawny sward
in the silent and tenebrous
twilight dew.

there is a melancholy of time
in the gate of soul,
in the strait of verb,
in the void of hours,
in the mode of adverbs,
in the morn that disarrays
the tumid colors of the late night.

there is a rip of time
thundering into the 'one' that is everything,
in the unconsummated love,
in the love that is already over,
in the road that keeps on,
on the wide saddle of dreams,
in the windy cloud that swipes by.

[tempŭs est!]

travessia noturna

insone e cansado vago pela noite
procurando uma brisa suave
que acaricie meu rosto e suas histórias,
que envolva meu corpo em algum pé de vento,
que soletre o meu tempo em suas (in)verdades.
sei que a saudade é o encantamento de dores,
o enfeitiçamento da alma, a inquietação de corações.
sinto-a sem poder evitá-la em sua plástica etérea,
em seus irregulares modos de ser;
em sua estética de doer e chorar e tornar a doer;
em um sempre devir,
em um sempre vir a ser.
e assim, vago pela noite como cão sem dono,
como alma que pena,
como poeta ao relento
dando às suas palavras cria, alento.
vago e açoitam-me os ouvidos os agouros da noite,
triviais felicidades alheias
traduzidas em vozes que se ouvem distantes
misturadas a músicas de conceitos líquidos.
vago e olho para o céu, hoje, sem estrelas
engolidas por nuvens densas
e lembro-me do negrume dos olhos
que arrebataram os meus em êxtase.
lembro-me daqueles olhos
enfeitiçando o deus tempo,
lembro-me daquelas duas tochas
incandescendo as cores da noite,
lembro-me daquelas duas luas em eclipse
dentro das quais para me encontrar

precisava me perder.
ah tempo, tempo, tempo
vago porque preciso disfarçar
a minha dor travestida de saudades.

night traversal

sleepless and tired I wander along the night
craving for a gentle breeze
that caress my face and its histories,
that enclasp my body amidst the wind,
that spell my time in its (un)truths.
I know that nostalgia is the enchantment of sorrows,
the bewitchment of soul, the unquietness of hearts.
I feel nostalgia with no power to avoid it in its ethereal matter,
in its irregular ways of being,
in its aesthetics of feeling pain and crying
and again feeling pain;
in an endless becoming,
in an always coming-to-be.
I wander through the night as an ownerless dog,
as a damned soul,
as a poet in the open
giving to his words form, life.
I wander and my ears are whipped by the ghosts of night;
by the trivial happiness of others
translated into distant hearing voices
mixed up to songs of liquid concepts.
I wander and look up to the sky, today, with no stars
swallowed by thick clouds
and I remember those black eyes
that enthralled mine in ecstasy.
I remember those eyes
enchanting the god time,
I remember those two torches
incandescing the colors of night,
I remember those two moons in eclipse

in which, in order to find me,
I needed to lose myself.
oh time, time, time
I wander because I need to disguise
my pain full of nostalgias.

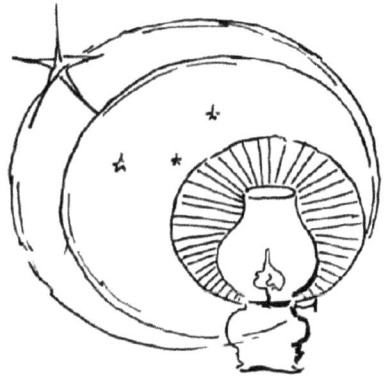

ad tempŭs

me perdi no tempo
o tempo devorou-me
agora estou dilatado num espaço
que anula as fronteiras do humano
me perdi
não sei onde estou
nada a fazer
o tempo é meu dono

ad tempŭs

I have got myself lost in time
time has devoured me
now I am dilated in a space
that revokes the frontiers of humanity
I have got lost
I do not know where I am
I cannot fight against it
time is my lord

tempor(ais)

ai tempo, deus imparável e terrível,
atravessas-me com todas as tuas adagas,
revolves-me impiedoso em tuas tempestades;
ruidoso e infinito, arrastas-me para a finitude,
para a mais irrevogável de todas as certezas.

ai tempo, não me elucidas, não aplacas o meu doer,
não me salvas dos abismos infinitos que guardo no ser,
não me tomas ao colo, não me acaricias as rugas,
não beijas, com os teus lábios de delírio e vento,
o meu corpo estilhaçado ainda sedento por viver.

sou náufrago em tuas águas buliçosamente turvas
ante a amálgama da noite profunda de meu ser.
ai tempo, deus impossível de saudades imovíveis,
em minha carne depositas um destino de supernovas
lembrando-me de que, em uma explosão fatal,
um dia não mais que um dia, deixarei de ser.

time(storms)

oh time, unstoppable and terrible god,
you traverse me with all your daggers,
merciless you revolve me in your storms,
thunderous and endless, you drag me to finitude;
to the most ultimate of human certainties.

oh time, you do not elucidate me or appease my woes,
you do not save me from the infinite abysses, my deepest foes,
you do not put me on your lap or caress my wrinkles,
you do not kiss, with your lips of delirium and wind,
my shattered body still craving for living.

I'm a castaway in your tumultuous turbid waters
before the amalgam of the deep night of my being.
oh time, impossible god of immovable nostalgias,
in my flesh you deposit a fate of supernovae
reminding me that, in a fatal explosion,
one day not more than one day, I will stop being.

RITA QUEIROZ

Cicatrizes ocultas

Ainda tenho cicatrizes
Que sangram...
Por noites e dias
Pelo sol e pela lua.
Ainda tenho cicatrizes
Que choram...
A dor da partida
O desprezo nos olhos
O apagar das luzes.
Ainda tenho cicatrizes
Que se arrependem...
De ter ferido almas
De tantas gentes.
Ainda tenho cicatrizes
Que esperam...
A cura pelo amor
O desabrochar dos girassóis
E o voo livre das borboletas e colibris.

Hidden scars

I still have scars
That bleeds...
For days and nights
Through the sun and the moon.
I still have scars
That cry...
The farewell agony
The contempt in the eyes
The lights being turned off.
I still have scars
Regretting having hurt...
So many people's souls.
I still have scars
That wait...
Healing through love
The blossoming of sunflowers
And the free flight of butterflies and humming birds.

Tempo de caravelas

Os olhos que leem
Meus outros eus
Inscritos nos desertos
São olhos com cheiro de saudades.

As mãos que tocam a alma
Do meu corpo-ânsia
Entregue às manhãs de chuva
São mãos com sabor de melodia.

A língua que decifra
Meu destino-fênix
Preso na estação-solidão
É a língua que rasga montanhas.

O tempo que atravessa
Minhas esquinas amorfas
Confluência dos desconcertos
É o tempo das caravelas e luas.

Caravels time

The eyes that read
My other selves,
Drawn in deserts,
Are eyes of nostalgia.

The hands that touch the soul
From my body-yearning,
Surrendered to rainy mornings,
Are hands with a melody flavor.

The language that unriddles
My destiny-phoenix,
Stuck in solitude-station,
Is the one that severs mountains.

The time that crosses
My amorphous corners,
Confluence of bewilderment,
Is the time of caravels and moons.

Sol do amanhã

Fotografar teus sonhos
Tatuar tua nuca
Adormecer depois de amar
Misturar nossas vivências no varal
Pulsar...
Olhos
Bocas
E as letras do nosso mundo de papel!
Devotar...
O tempo
As perenes lágrimas
A esperança do rio
Os pedaços inteiros dos nossos eus.
Conjugar...

Tomorrow's sun

Depict your dreams
Tattoo your nape
Fall asleep after loving you
Mix our lives on the clothesline
Pulse...
Eyes
Mouths
And the letters from our world of paper!
Devote...
Time
The endless tears
The hope of the river
The whole pieces of our selves.
Conjugate...

Sombras do tempo

Lambuzo-te...
Em lágrimas de saudades
Beijo-te...
Ao som de Beethoven
Enlaço-te...
Nas teias de Penélope
Nos corais do Atlântico
ficaram nossos sonhos
    [refletidos nas dunas
movidas pelo vento
O que restou de mim?
    [nem a sombra
estampada nas paredes frias
    [do teu coração.

Shadows of time

I drown you...
In tears of longing
I kiss you...
By listening to Beethoven
I tie you...
In the webs of Penelope
In the corals of the Atlantic
Our dreams were left
[reflected in the dunes
Powered by the wind
What's left of me?
[not even a shadow
Spotted on the cold walls
[of your heart.

Depois do infinito

Os versos escorrem pelos dedos
E o desejo transborda pelos olhos
Como procissão de domingo.
Corpos abrasados em folhas macias
Vozes em uníssono
Dentes cravados em peles de lua
Cicatrizes do nosso ir e vir
Vento cansado sobre as chamas.
Nossa poesia inscrita no tempo
Da chuva fina que nos adormece.
Não há infinito...

After endlessness

Verses run through fingers
And desire overflows through eyes
Like a Sunday procession.
Bodies blazed in tender leaves
Voices in unison
Teeth embedded in skins of moon
Scars of our coming and going soon
Weary wind over flames.
Our poetry set deep inside the time
Of the drizzle lullabying us.
There is no endlessness...

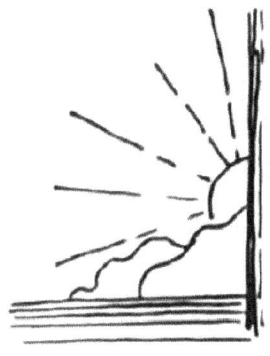

Tempo de maçãs

As horas correm infinitamente
E os segredos se misturam
Às cinzas que Cronos espalha.
Desabro meu mundo na força dos sonhos.
Fios de paixão cobrem os silêncios.
Caminho pelo sol,
Cultivando nossas rimas desencontradas
Em cada fragmento de mar,
Nas cores que navegam calmamente,
No cheiro do vento que arrepia as cronologias.
Sinfonia de memórias no transcurso dos dias
Que adormecem mofados
E alvorecem com os pardais e as violetas,
Mais uma vez enredados nas teias do calendário
A girar a incompletude das maçãs.

Time of apples

The hours run endlessly
And secrets are melded
With the ashes that Kronos scatters.
I open up my world in the power of dreams.
Threads of passion cover silences.
I walk beneath the sun,
Cultivating our mismatched rhymes
In each fragment of sea,
In colors that sail calmly,
In the smell of wind chilling chronologies.
Symphony of memories in the course of days
That fall asleep moldy
And dawn with sparrows and violets,
Once again entangled in the webs of the calendar
Spinning the incompleteness of apples.

Sincronias

As palavras se engasgam em meu peito
Lágrimas marcam meu rosto
O passado ecoa em meus labirintos
Qual foi o meu pecado?

Silêncio...

Cicatrizo os céus com minhas conchas
Rabisco-me em saudades
Soluços do tempo negam-me
Nossa história se perde nos abismos

Lamento...

O destino segue seu fluxo
As marés se alternam
A lua muda de fase
Reescrevo-me nas areias do deserto

Absolvição...

Synchronies

Words choke in my chest
Tears flow down my face
The past echoes in my labyrinths
What was my sin?

Silence...

I heal the skies with my shells
I scribble myself in yearnings
Hiccups of time deny me
Our History gets lost in abysses

Wail...

Fate follows its flow
While tides alternate
The moon changes phases
And I rewrite myself in the sands of desert

Absolution...

Absolvição do tempo

Rasguei os sonhos no despir das máscaras
Estilhaços romperam longínquas saudades.
Murmurei teu nome, confessando o inverno de exílio
No florescer das manhãs insólitas.

O vento soprou eternizados amores,
Primaverando impetuosas pétalas.
Noites surdas inquietam os olhos
E fazem transbordar relembranças.

Brinquei com os relógios, conjugando outros tempos
Transcritos no fluir das águas.
Os ponteiros giraram os desconcertos do destino
As badaladas do pêndulo absolvem o tempo.

Absolution of time

I shred dreams by stripping masks
Shards broke distant homesickness.
I whispered your name, confessing the winter of exile
In the bloom of unusual mornings.

The wind blew eternal loves,
Bringing spring upon impetuous petals.
Deaf nights disturb eyes
And make memories spill over.

I played with clocks, conjugating other times
Transcribed in the flow of waters.
Their hands turned the puzzlement of fate
And the chimes of the pendulum absolve time.

(In)finitas primaveras

Duas noites e um dia de primavera
Nós, entregues às peles que vibravam
Esquecidos do inverno assombroso
Nem achados e nem perdidos, parados no tempo.

Incensados em repetidas esperanças
Somos fome de mundo,
De eternidades fragmentadas,
Nas camadas intensas do corpo.

Somos brechas de saudades
De um grito suspenso
Somos espelhos em febre
(In)definidos em travessias vãs.

Engolimos pedaços de vida
Sóis mornos de longas horas
Germinados em outros infinitos
Perpetuados ao longo do caminho.

(In)finite springs

Two nights and a day
We, given over to vibrating skins
Forgetful about the overwhelming winter
We are neither found nor lost,
We are stilled over time.

Incensed in repeated hopes
We are hunger of world,
Of fragmented eternities,
In the intense layers of the body.

We are breaches of nostalgias
Of a hanging scream
We are febrile mirrors
(In)definite in useless crossings.

We swallow chunks of life
Lukewarm suns of long hours
Germinated in other infinities
Perpetuated over the way.

Testemunhos

As manhãs florescem
Impetuosas pétalas
Quando murmuro teu nome
E os ventos gemem de solidão.
Os dias chegam,
Rasgando o espelho do tempo,
E os olhos secos de mar
Apavoram-se com medo do escuro.
Vagas lembranças rascunhadas desfilam no horizonte
Tudo é abismo...
Semeadura de palavras vãs
Jogo de significados que se perdem
No meio do sussurrar do vazio.

Testimonies

The mornings blossom
Impetuous petals
When I murmur your name
And the winds moan in loneliness.
The days are come
Tearing apart the mirror of time
And the eyes dry of sea
Are appalled by darkness.
Vague drafted memories
Parade in the horizon.
Everything is abyss...
Sowing of empty words
Game of meanings that lose themselves
Amidst the whispering of emptiness.

Semeadura

O tempo é pólen
Espalha sementes
Colhe saudades!

Sowing

Time is pollen
It scatters seeds
and harvests yearnings!

Simulacro etéreo

O pêndulo traz as intempéries do tempo
Transcende as memórias dos mitos
Envoltos nas paisagens moventes do deserto
        [presas nas sombras

As flores do destino esculpem as cicatrizes
Nas manhãs solitárias de inverno
Um sopro divino rompe o silêncio
        [ao som de violinos

No desfiar eterno do rosário
Sorrisos fecundam a alma
E as nesgas de lembranças flutuam
        [por entre os cactos

Nos olhos do poeta desenham-se os sonhos
Constelação de traços pintados em azul
Verdes mares etéreos nas asas do vaga-lume
        [brumas de outono

Os retalhos se fazem corpo
Simulacro de ânsias e desejos
Na língua dos anjos e santos
        [perfume e segredo!

Ethereal simulacrum

The pendulum brings the elements of time
by transcending memories of myths
Enmeshed in moving landscapes of desert
            [seized in shadows

Flowers of fate carve scars
On solitary winter mornings
A divine breath breaks silence
            [to the sound of violins

In the endless unraveling of the rosary
smiles fertilize soul
And slivers of memories float
            [among cactuses

In the eyes of the poet dreams are depicted
Constellation of traces painted in blue
Ethereal green seas on fireflies' wings
            [autumn brumes

Patches turn into a whole body
simulacrum of anguishes and desires
In the language of angels and saints
            [perfume and secret!

Tempo de sonhos

Colho os silêncios
Na cintilância do sol de inverno
Despedaçado de ausências de nós.
    [Dos retalhos, brotam clarões!

Reminiscências de mim
Flanam pelos jardins da lua
Entrelaçadas a flores de alfazema.
    [As ondas carregam o peso da alma!

Pedaços do destino
Deixam rastros nas trilhas da saudade
E nos canteiros surgem as alvoradas.
    [Plenas de suspiros azuis!

As vontades se expandem
Dilatando a bússola do infinito
Com promessas inéditas.
    [E as certezas invisíveis se multiplicam!

Nas janelas, o florir de doces ventanias!

Time of dreams

I harvest silences
In the scintillation of the winter sun
Shattered from our absences.
    [From the patches, glares sprout!

Reminiscences of me
Wander through the moon gardens
Intertwined with lavender flowers.
    [The waves carry the weight of soul!

Pieces of fate
Leave traces in the trails of yearning
And in flowerbeds dawns rise up.
    [Full of blue sighs!

Outspread wills
Dilating the compass of endlessness
With unprecedented promises.
    [And invisible certainties multiply!

At windows, the blossoming of sweet gales!

(Des)memórias

Recolho esquecimentos,
Plantando nos quintais rosas amarelas.
Da terra úmida, brotam pardais
Sem peso na alma,
apenas alvoreceres de cantigas
para ninar a saudade!

(Un)memories

I harvest forgetfulness
Planting in back yards yellow roses.
From the wet earth sparrows sprout
With no weight in the soul,
Just dawns of songs
To lull the longing!

Alma exposta

Busco esquecimentos no dobrar do tempo
Entre escritas de ressurreição e solfejos.
Atravesso noites e dias de agonias,
Com os dentes cravados nas vísceras
E os olhos naufragados de memórias.

Na liturgia da recordação,
Sepulto palavras no porvir das horas,
Embriagada das vaidades vãs
Que entorpecem o solo sagrado
Das sobrevivências cambaleantes do deserto.

Levito entre revelações e desterros,
Desabitada dos quereres e sombreamentos.
Ávida por outros tempos, espero a mudança da lua
Na preamar dos corpos sinestésicos
Pendurados na corda bamba dos sonhos.

Open soul

I look for forgetfulness in the folding of time
Between resurrection writings and solfeggios.
I go through nights and days of agony
With the teeth embedded in viscera
And the eyes wrecked within memories.

In the liturgy of remembrances,
I bury words in the hours to come,
All drunken of vain vanities
That numb the sacred ground
From trembling survivals of the desert.

I levitate between revelations and exiles,
Uninhabited of wills and shadows.
Eager for other times, I wait for the changing moon
In the high tide of kinesthetic bodies
Hanging on the tightrope of dreams.

Tempor(ais)

O tempo e seus ais
(A)temporais (i)materiais.
Filhos engolidos
Pais decepados
Tempo maculado.
Menino, homem, ancião
Devorador de sonhos
Multiplicador de quimeras
Divisor de eras.
O tempo e seus ais
Castiçais imperiais.
Guerras, traições,
Ultrajes, subjugos
Destino escravizado.
O tempo e seus ais
(I)memoriais vendavais
Relógios sangrando
Pecados em oração
Coroas (ir)reais
Súplicas negadas
Morte anunciada.
O tempo e seus ais
Universais banais
Mazelas, favelas
Corpos esquálidos
Horripilantes naufrágios
Vidas no camburão.
Cronos e Kairós
Desejos corrompidos
Constantes duelos

Dias velozes

Inferno dantesco

Verbo (im)perfeito.

Tempo, tempo, tempo

Debulhador de realidades

Fluidas (i)mortalidades

Eterno Deus de todas as vontades.

Time(storms)

Time and its woes
Age(less), matter(less).
Children swallowed,
severed parents,
maculate flow.
a boy, a man, an elder;
a dream eater
Multiplier of Chimaeras
Divider of eras.
Time and its woes
Imperial candle holder.
Wars, treacheries,
outrages, subjections
Enslaved fate.
Time and its woes
(Im)memorial whirlwinds
bleeding watches
sins in prayer
(Un)real crowns
Denied pleas
Announced death.
Time and its woes
universal and banal
miseries, slums
scrawny bodies
Horrifying shipwrecks
Lives in paddy wagons.
Cronos and Kairos
Corrupted desires
constant duels

swift days
Dantesque hell
(Im)perfect verb.
time, time, time
thresher of realities
Fluid (im)mortalities
Endless God of all wills.

TEMPO(ESIAS)

Perscrutar o tempo é um ato de coragem. Tentar defini-lo, uma ousadia. No entanto, poetizar sobre ele é caminho de libertação. Por paradoxal que possa parecer, essa libertação é garantida pela consciência da in-existência do tempo. Ponho em destaque o prefixo que, na língua portuguesa, assumiu o sentido de negação, porque apelo para o seu sentido de interioridade existente na língua latina. O tempo in-existe, isto é, existe dentro. Aliás, ele só existe no interior de cada pessoa, razão pela qual é fruto de uma percepção subjetiva (que dá gênese às linguagens da arte), é responsável pelas metáforas, é motivação peculiar da filosofia e fonte especial da poesia.

O vínculo radicular que estabelecemos com o tempo prescreve no nosso caminho um rastro de luz, porque destina a existência para a plenitude, ou seja, para o estado de constância estável, sem finitude, momento insuspeito da eternidade. O tempo é tempo porque se extrapola, não tem limites, se perde no horizonte onde nosso olhar só vislumbra a pluridimensionalidade irrefutável da vida!

Nesse florilégio de poemas, Rita Queiroz e Angelo Riccell Piovischini nos convidam a fitar o tempo nos arroubos dos temporais de suas vivências. Ora declamando como ímpetos "zefirinos"; ora concebendo como alternâncias sucessivas do Cronos; ora entendendo e temendo como imprevisibilidades de manifestações da natureza; ora reconhecendo insurgente nas narrativas geradas por acúmulo de experiências; ora lendo em sonhos como o sussurrar de uma mensagem enviada pela divindade ao subconsciente; na visão desses poetas, o tempo é sempre o comandante das diversificadas e passageiras naus em que transportamos nossa vida.

Uma dessas naus – e talvez a mais segura - é, certamente, a poesia. Foi essa embarcação que Rita Queiroz e Angelo Riccell Piovischini tomam como veículo primordial da própria vida! Foi nesse vapor que a arribação poética desse afinado dueto encontrou o porto seguro das suas vivências, ancorando-se nos seus mais verazes atracadouros. Na poesia, eles alcançaram o clímax do desejo potencializado pelo êxtase do tempo.

Rita e Riccell, mais uma vez, encontraram e expuseram seu rumo ao infinito, onde o tempo se faz presente no destilar de figurações encharcadas de beleza e plantadas no canteiro de emoções harmonizadas. Aspirações míticas e nuances mitológicas, alimentadas por alegorias, fertilizaram o irromper dessa coletânea de versos escorridos dos olhos, qual cachoeira de lágrimas efervescentes, para banharem os rios de tempestades, irrigarem jardins de esperanças e desaguarem no mar dos temporais. É na poesia, e por ela, que a percepção do tempo cria o destemor das tempestades.

Ao ler essas poesias, sentimos a sede da chuva torrencial, aguçamos o desejo dos ventos precipitados, procuramos, da vida, os vendavais, e nos deixamos levar pelos aguaceiros que afogam a ânsia da plenitude. Lendo Rita e Riccell reconhecemos que precisamos de tempo, precisamos do tempo...

Precipitemo-nos nesses versos, acolhamos as tempestades, vivamos esses tempor(ais)...

Antônio Wilson Silva de Souza
Professor de História da Arte/Artista plástico

TIME POETRIES

Trying to understand time is an act of courage. Seeking to define it, a daring attempt. However, poeticizing it is a way of liberation. Even paradoxical as it may seem, this liberation is guaranteed by the awareness of the in-existence of time. I highlight the prefix which in Portuguese language, took the sense of negation, because I appeal to its sense of innerness existing in the Latin language. Time in-exists, that is, it exists within. Actually, it only exists within every person, which is why it is the result of a subjective perception (which gives genesis to the languages of art), it is responsible for metaphors, it is a peculiar motivation of philosophy and a special source of poetry.

The profound bond that we establish with time prescribes a trail of light on our way, because it heads existence to completeness, that is, to the state of stable constancy, without finitude, an unsuspected moment of endlessness. Time is time because it extrapolates itself, it has no limits, it is lost on the horizon, and our gazing it is only a glimpse of the irrefutable multidimensionality of life!

In this florilegium of poems, Rita Queiroz and Angelo Riccell Piovischini invite us to gaze at time in the raptures of the storms of their experiences. Sometimes declaiming it as "zephyrin" impulses; sometimes conceiving it as successive alternations of Cronos; sometimes understanding and fearing it as the unpredictability of manifestations of nature; sometimes recognizing it as an insurgent entity in the narratives generated by the accumulation of experiences;

sometimes reading it in dreams as the whisper of a message sent by the divinity to the subconscious; in the view of these poets, time is always the commander of the diversified and ephemeral vessels in which we transport our lives.

One of these ships – and perhaps the safest one – is certainly poetry. It was this vessel that Rita Queiroz and Angelo Riccell Piovischini took as the primordial vehicle of their own life! It was in this steam that the poetic arrival of this finely tuned duet found a safe haven for their experiences, anchoring themselves in their most truthful harbors. In poetry, they reached the climax of desire potentiated by the ecstasy of time.

Rita and Riccell, once again, found and exposed their path to endlessness, where time is present in the distillation of depictions drenched in beauty and planted in the garden of harmonized emotions. Mythical aspirations and mythological nuances, instigated by allegories, fertilized the eruption of this collection of verses drained from the eyes, like a waterfall of effervescent tears, to bathe the rivers with storms, to water gardens with hope and empty those verses into the sea of tempests. It is in poetry, and through it, that the perception of time creates the fearlessness of storms.

When reading these poems, we feel the thirst of the torrential rain, we sharpen the desire for the precipitous winds, we look for the gales of life, and we let ourselves be enthralled by the downpours that drown the longing for wholeness. By reading Rita and Riccell we recognize that we need time, we really do need time…

May we go deep inside those verses, may we welcome them like storms, may we live these time(storms)…

Antonio Wilson Silva de Souza
Professor of History of Art/Plastic artist

SOBRE OS AUTORES E O ILUSTRADOR

About the authors and the illustrator

ANGELO RICCELL PIOVISCHINI

Angelo Riccell Piovischini, reside em Feira de Santana, é graduado em letras com inglês e francês, realizou intercâmbio acadêmico nas áreas de língua e literatura francesas na Université de Cergy-Pontoise, mestre em Desenho, Cultura e Interatividade, pesquisador voluntário do NEC-UEFS (Núcleo de Estudos Canadenses) e do CELCFAAM (Centro de Estudos em Literaturas e Culturas Franco-afro-americanas - UEFS) e professor de línguas estrangeiras. Instagram: @lettera_magna

Natural de Salvador - BA. Pós-doutorado em Estudo de Linguagens (UNEB), doutorado em Filologia e Língua Portuguesa (USP), mestrado e graduação em Letras (UFBA). Professora universitária. Autora dos livros para o público adulto: Velas ao vento, Confissões de Afrodite, O Canto da borboleta, Canibalismos (Penalux) e Colheitas (Darda); para o público infanto-juvenil: Grimalda: a lagartixa empoderada (edição trílingue: português, inglês e espanhol - Historinhas pra contar), Bordado de sonhos (Edição da autora), As artes de Vavalô (em coautoria com Márcia Queiroz - Historinhas pra contar), Sonhos de criança (em coautoria com Aldirene Máximo - Edição da autora) e Ciranda, cirandinha: vamos brincar com poesia? (Darda).

Angelo Riccell Piovischini lives in Feira de Santana and has a degree in English and French Languages. He was a exchange student in the areas of French language and literature at the Université de Cergy-Pontoise. Master in Design, Culture and Interactivity, volunteer researcher at NEC-UEFS (Nucleus of Canadian Studies) and CELCFAAM (Center for Studies in Franco-African-American Literatures and Cultures - UEFS) and professor of foreign languages. Instagram: @lettera_magna

Born in Salvador - BA. Post-doctorate in Language Studies (UNEB), PhD in Philology and Portuguese Language (USP), Master's and Graduation in Letters (UFBA). University professor. Author of books for adults: Velas ao vento, Confissões de Afrodite, O Canto da borboleta, Canibalismos (Penalux) e Colheitas (Darda). Books for children: Grimalda: a lagartixa empoderada (edição trílingue: português, inglês e espanhol - Historinhas pra contar), Bordado de sonhos (Edição da autora), As artes de Vavalô (with co-author Márcia Queiroz - Historinhas pra contar), Sonhos de criança (with co-author Aldirene Máximo - Edição da autora) e Ciranda, cirandinha: vamos brincar com poesia? (Darda).

RITA QUEIROZ

Pós-doutorado em Estudo de Linguagens. Doutora em Filologia e Língua Portuguesa. Professora universitária. Escritora. Poeta. Autora de 7 livros de poemas e 1 livro de contos para o público adulto e 7 livros infantojuvenis. Organizadora de 12 coletâneas. Participações em mais de 100 antologias/coletâneas. Publicações em revistas literárias nacionais e internacionais. Integra os seguintes coletivos: "Confraria Poética Feminina", "Mulherio das Letras", "Confraria Ciranda Poetrix" e "Coletivo de autoras de literatura infantojuvenil da Bahia"; além de fazer parte das seguintes academias: Academia Virtual de Arte Literária (AVAL), Academia Internacional de Literatura Brasileira (AILB), Academia Internacional Mulheres das Letras (AIML), Academia de Artes e Letras Internacional da Baixada Fluminense e Brasil (AALIBB), Academia Internacional de Letras e Artes Poetas além do Tempo (AILAP), Nucleo Academico Italiano di Scienza, Lettere e Arti (NAISLA) e Academia de Artes, Ciências e Letras do Brasil (ACILBRAS).

Post-doctorate in Language Studies. PhD in Philology and Portuguese Language. University professor. Writer. Poet. Author of seven books of poems and one book of short stories for adult audience and seven books for children. Organizer of twelve collections. Participations in more than one hundred anthologies/collections. Publications in national and international literary magazines. She is part of the following collectives: "Confraria Poética Feminina", "Mulherio das Letras", "Confraria Ciranda Poetrix" and "Coletivo de autoras de literatura infantojuvenil da Bahia"; besides being part of the following academies: Academia Virtual de Arte Literária (AVAL), Academia Internacional de Literatura Brasileira (AILB), Academia Internacional Mulheres das Letras (AIML), Academia de Artes e Letras Internacional da Baixada Fluminense e Brasil (AALIBB), Academia Internacional de Letras e Artes Poetas além do Tempo (AILAP), Nucleo Academico Italiano di Scienza, Lettere e Arti (NAISLA) and Academia de Artes, Ciências e Letras do Brasil (ACILBRAS).

ANTÔNIO WILSON

Pós-doutorado em História da Arte pela Université Paris I (Sorbonne). Doutor em História da Arte pela Universidade do Porto. Mestre em Artes Visuais pela Universidade Federal da Bahia. Licenciado em Educação Artística pela Universidade Católica do Salvador. Professor Pleno da Universidade Estadual de Feira de Santana, onde atua na graduação e pós-graduação Lato e Stricto Sensu, desenvolvendo pesquisa sobre Desenho enquanto Ornamentação de Manuscritos e Ilustração Cientifica. Publicações de artigos, capítulos de livros e ilustrações em periódicos especializados e livros em coletâneas.

Post-doctorate in Art History at Université Paris I (Sorbonne). PhD in Art History at University of Porto. Master in Visual Arts at the Federal University of Bahia. Degree in Art Education at Universidade Católica de Salvador. Full Professor at State University of Feira de Santana, where he works at undergraduate and graduate courses in Lato and Strictu Sensu, developing research on Drawing as Ornamentation of Manuscripts and Scientific Illustration. Publication of articles, book chapters and illustrations in specialized periodicals and books in collections.

"O tempo não é a principal coisa, ele é a única coisa".
"Time isn't the main thing, it's the only thing".
(Miles Davis)

www.ingramcontent.com/pod-product-compliance
Lightning Source LLC
Chambersburg PA
CBHW060846050426
42453CB00008B/856